국립경주박물관 신라 문화유산 시리즈

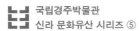

국립경주박물관
신라 문화유산 시리즈 ⑤

Silla Heritage

기와지붕에
기품을 더하다
황룡사 치미

이병호 지음

국립경주박물관 × 틈새책방

일러두기 ───

- 내용 이해를 돕기 위해 책 마지막에 '용어 해설' 꼭지를 따로 마련했습니다. 본문 단어 중 어깨 위에 '♣'가 보이면, '용어 해설' 페이지를 펴 보세요. 자세한 설명이 나와 있습니다.

- QR 코드를 스캔하면 국립경주박물관 신라학 강좌 '치미, 기와지붕에 기품을 더하다' 강연을 들을 수 있습니다.

경주에서 중심이 되는 자리인 황룡사에 얹어진
이 아름다운 치미는 기와지붕에 기품을
더했을 것으로 추측된다.

황룡사지 치미는
전체적으로 모양이
좌우 대칭을 이루어
안정감이 느껴지고
동시에 정제미가
뛰어나다.

황룡사지 치미의
배에 표현된
연꽃무늬와
얼굴 무늬 장식.

황룡사지 치미의 종대에 시문된 얼굴 무늬 장식.
다른 유적에서 발견된 치미에서는
볼 수 없는 독특한 무늬다.

차례

《삼국사기》에는 신라 진흥왕이 경주 월성 동쪽에 궁궐을 짓다가 그곳에서 황룡이 나타나자 계획을 바꿔절로 만들었다는 기록이 있습니다.[1] 그 절이 바로 황룡사입니다. 경주에서 가장 큰 절이었다고 알려져 있지요. 남아 있는 절터로 추정해 보아도 약 8만 제곱미터(2만 4,000여 평) 규모로 보입니다. 기록에 따르면, 진흥왕 14년(553)에 공사를 시작해 진흥왕 27년(566)에 1차 가람*을 완성합니다. 그 후 인도의 아소카왕이 배에 실어 보낸 금과 철, 그리고 삼존불상의 모형이 신라에 다다르자, 이 재료로 높이가 일장육척(一丈六尺), 즉 약 5미터나 되는 삼존불을 만들고 이 불상을 모시기 위한 금당*을 지었다고 합니다. 이후 선덕여왕 12

년인 643년에는 당나라에서 유학하고 돌아온 자장율사가 권유하여 외적의 침입을 막기 위한 9층 목탑을 짓습니다. 이 목탑은 백제의 장인 아비지에 의해 645년에 완공됩니다. 그러나 고려 고종 25년인 1238년에 몽고가 침입했을 때 모두 불타 없어져 지금은 그 흔적만 남아 있습니다.

경주 황룡사지는 일제 강점기부터 간략한 지표 조사가 이뤄졌고, 문화재관리국이 1976년부터 1983년까지 발굴하면서 본격적으로 조사됐습니다. 이때 조사 결과로 1탑 3금당*식이라는 가람 배치와 그 변화 양상을 이해할 수 있게 됐죠. 목탑이 있던 자리에서 목탑 건립 과정을 상세히 기록한 찰주본기(刹柱本記)와 백자 항아리 등 사리 공양품을 수습하는 성과도 있었습니다. 또, 각종 건물지와 구덩이에서 4만여 점에 달하는 유물을 수습했는데, 금동불입상, 금동귀걸이와 각종 유리 외에도 많은 토기와 기와가 나왔습니다.

이 가운데 가장 눈에 띄는 자료 중 하나가 바로 '치미'입니다. 황룡사지에서 출토된 치미는 높이가 182센티미터, 폭은 105센티미터나 될 정도로 커다랗습니다. 지금까지 발견된 우리나라의 고대 치미 중 가장 크지요. 이런 초대형 치미를 얹었다니 당시 황룡사의 위용이 짐작이 가시나요? 또, 연꽃과 남녀의 얼굴 등 다른 유적에서 발견된 치미에서는 볼 수 없는 독특한 무늬가 있어서 예술성 또한 뛰어납니다. 황룡사지 치미는 중국 수당(隋唐)대 치미와도 다르고, 고구려나 백제의 치미와도 다릅니다. 신라인의 독특한 제작 기술과 고유한 미의식이 반영되어 있습니다. 기와지붕에 기품을 더했던 치미에 대해서 알아보겠습니다.

기와지붕에 기품을 더하다

황룡사 치미

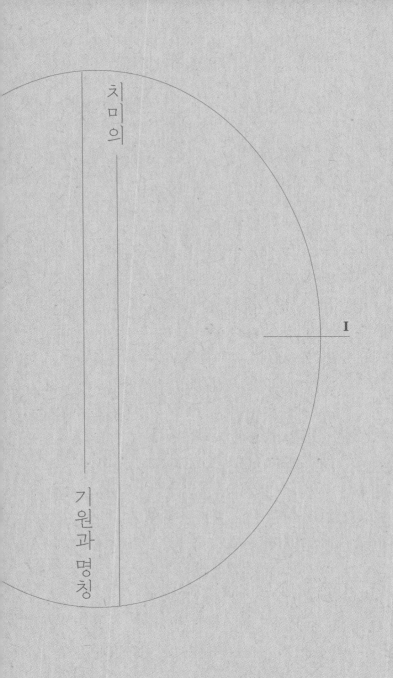

치미의

기원과 명칭

I

궁궐이나 절과 같은 전통 건축물의 기와지붕을 보면, 가장 높은 곳에 커다란 장식용 기와가 양쪽으로 얹혀져 있습니다. 치미입니다.

지붕면이 만나는 부분을 마루라고 하는데, 그중 용마루는 지붕 가운데에 있는 가장 높고 수평으로 기다란 마루입니다. 지붕의 경사면이 교차하는 지붕 마루는 물이 새기 쉬워서 잘 덮고 양 끝을 꼼꼼하게 마무리해 주어야 합니다. 치미는 지붕의 용마루 양 끝단을 눌러 잡아 주고 보호하면서 장식의 역할을 합니다. 치미는 건물이 높아 보이게 하여 권위와 위엄을 나타내는 한편, 복을 기원하고 재앙을 막고자 하는 벽사(辟邪)의 의미도 담고 있습니다.

마루 끝을 장식하는 기와를 순우리말로는 '망새'라고 합니다. 삼국 시대에 만들어진 용마루 양 끝 망새 기와는 대개 새의 꽁지깃 모양을 하고 있어 솔개 꼬리라는 뜻의 '치미'라고도 부릅니다. 한자 '鴟(치)'는 솔개, 올빼미, 수리부엉이를 가리키는 글자입니다.

치미의 기원에 대해서는 여러 가지 견해가 있는데, 당나라 소악(蘇鶚)이 편찬한 《소악연의(蘇鶚演義)》에는

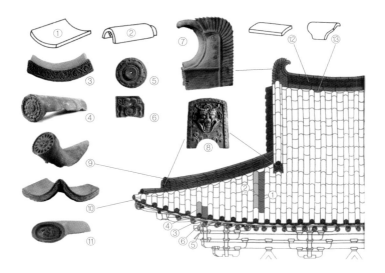

	명칭	
①	암키와	기본 기와
②	수키와	
③	암막새	처마 장식 기와
④	수막새	
⑤	연목와	
⑥	부연와	
⑦	치미	마루 장식 기와
⑧	귀면와	
⑨	망와	
⑩	모서리암막새	
⑪	타원형막새	
⑫	적새	기능 기와
⑬	착고	

통일신라 시대 기와의 종류와 사용 위치.

이런 기록이 있습니다.

"치(鴟)는 바다짐승이다. 한 무제가 백량전(栢粱殿)이라는 건물을 세울 때, 치미(鴟尾)가 물의 정령으로서 화재를 막을 수 있기 때문에 치미를 건물 지붕에 둬야 한다고 아뢰는 자가 있었다. 지금 당나라 사람은 치(鴟)를 치(鴟)라고 쓴다. 그 입이 솔개(치연鴟鳶)처럼 보이므로, 이것을 치문(鴟吻)이라고 부르게 됐다."

목조 건물에 치명적인 화재를 예방하는 의미를 담아 치미를 만들었다는 이야기입니다.

또한 새의 머리 모양을 닮았다고 하여 치문(鴟吻: 솔개 부리)이나 취두(鷲頭: 독수리 머리)라고 부르기도 하고, 나중에는 하늘을 나는 용이나 물고기 모양으로 만들어 용미(龍尾)나 어미(魚尾)로 부르거나, 용마루를 입으로 물고 있는 짐승이라는 뜻으로 문수(吻獸)나 탄적수(呑脊獸)라고 하기도 했습니다. 경주 사천왕사에서 출토된 치미 파편에는 '누미(樓尾)'가 음각되어 있던 것으로 보면, 사방이 탁 트인 누각에서 사용된 장식 기와라는 뜻으로 '누미'로도 불렸던 듯합니다. 이처럼 이름은 다양하지만, 이 장식 기와는 나쁜 기운을 누르고, 화재를 예방하며, 건물을 장식하고, 권위를 높이는 역할을 했습니다.

치미를 구성하는 각 부분의 이름도 살펴볼까요? 치미는 크게 머리(두부頭部)와 몸통(동부胴部), 능골(척릉脊稜), 종대(縱帶), 날개(기부鰭部), 꼬리(정부頂部), 배(후부後部) 등 7개 부분으로 구성됩니다. 치미의 머리는 용마루와 지붕을 연결하는 부분으로 적새 기와와 맞물리

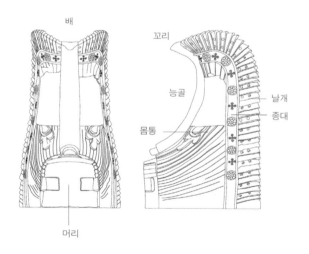

치미의 세부 명칭 모식도.

도록 만들어집니다. 적새는 용마루에 쌓아 올린 기와로 대개 암키와를 그대로, 또는 세로로 반을 갈라 엎어서 사용합니다. 치미의 몸통은 삼국 시대에는 여러 단으로 만들었지만, 통일신라 시대가 되면 무늬가 사라지는 경향을 보입니다. 치미의 등뼈에 해당하는 능골은 몸통을 양쪽으로 구분하는 경계로, 꼬리 쪽으로 갈수록 더 많이 휘어집니다. 종대는 몸통과 날개를 분리하는 역할을 하는 부분으로 화려한 문양이 장식되기도 합니다. 날개는 물고기 지느러미나 새의 깃털처럼 생겼는데, 종대 끝부분에 부착됩니다. 꼬리는 능골의 가장 위쪽에 자리하는 부분인데, 삼국 시대에는 날개와 연결해서 만들지만 점차 분리되는 경향을 보입니다. 치미의 배는 날개와 날개 사이로 연꽃무늬 장식판이 부착되기도 합니다.

우리는 현재까지 남아 있는 궁궐이나 사찰을 살펴보며, 그 옛날 기와지붕의 이미지를 어렵지 않게 떠올립니다. 하지만 경주 지역에서 발견된 기와 건물지는 대부분 건물 초석이나 기단* 같은 하부 구조만 발굴됐기 때문에 당시 기와지붕의 생김새 등 상부 구조는 알기가 어렵습니다. 다만 건물 형태가 표현된 경주 북군

기와지붕 모습이 남은 뼈 단지와 무늬 벽돌
(①경주 북군동, ②경주, ③울산 중산리)

동에서 발견된 집 모양 뼈 용기(家形骨器), 경주에서 출
토됐다는 누각 무늬 벽돌(樓閣文塼), 울산 중산리에서
발견됐다고 알려진 용무늬 벽돌(龍文塼)을 보고 고신
라·통일신라 시대에도 오늘날 우리가 보는 모습과 비
슷한 팔작지붕*이나 우진각지붕*, 맞배지붕*을 가진
기와 건물이 있었다고 추정해 볼 수 있습니다.[2]

　경주 북군동에서 발견된 집 모양 뼈 용기는 죽은 이
의 영혼이 편안하기를 바라는 기원을 담아 만든 뼈 항
아리입니다. 영혼이 안식하는 그릇을 기와집 모양으
로 만든 것은 당대 신라인이 소망하던 집의 형태였기

때문이겠지요. 지붕은 팔작지붕의 모양을 하고 있는데, 용마루 끝 한쪽이 파손되어 치미를 사용했는지 정확히 판단하기 어렵습니다. 그러나 일제 강점기에 경주와 울산 중산리에서 발견했다고 하는 무늬 벽돌 두 점에서는 치미가 거의 수직에 가깝게 안쪽으로 꺾여 있는 모습을 확인할 수 있습니다. 경주에서 출토된 누각 무늬 벽돌에는 건물과 함께 구름이나 산으로 보이는 문양이 표면에 돋을새김*으로 표현돼 있습니다. 높은 축대 위에 정면 3칸 규모의 건물 2채가 나란히 배치돼 있는데, 치미는 물론 지붕의 기왓골까지 세세히 묘사했습니다. 건물 사이사이에 그려진 구름이 신비로운 느낌을 주어, 마치 이상 세계를 그려 놓은 것처럼 보입니다. 당시 신라인들이 생각하는 이상적인 집을 표현했으리라 짐작해 봅니다.

그렇다면 언제부터 치미를 사용했을까요? 중국에서 치미에 관한 역사 기록 중에서 신뢰할 만한 가장 오래된 기록은 《송서》 오행지에서 찾아볼 수 있습니다. 진(晉) 효무제(孝武帝) 태원 16년(391) 정월, "까치가 태극전(太極殿) 동쪽의 치미에 둥지를 틀었다"는 기사입니다. 이는 중국 북조의 역사서인 《북사》와 당나라 때 위징 등이 쓴 역사서 《수서》〈우문개전〉에 나타난 "진(晉) 이전에 치미는 없었다"라는 기록에 신빙성을 더합니다. 앞서 살펴본 《소악연의》에서는 한나라 때 치미가 사용됐다고 말하고 있지만, 후한대와 삼국 시대의 믿을 수 있는 중국 역사책에서는 '치미'나 '치문'에 관한 기사를 찾을 수 없습니다. 그래서 〈우문개전〉에서 말하고 있는 것처럼 중국에서 치미는 동진대 이후에 나타났다고 생각하는 것이 일반적입니다.

중국 위진남북조 시대부터 수당대(581~906)에 이르는 시기의 문헌 기록에서 치미와 관련된 기사들은 대부분 재난으로 여겨지는 괴이한 일(재이災異)을 서술한 경우가 많습니다. 그런데 이러한 치미와 관련된 기록은 왕궁이나 종묘, 관청 등 대부분 권위적인 건축물이 그 대상이고, 일부가 고급 관원의 주택들입니다. 당시 치미는 왕실이나 국가, 관원 중에서도 최상위 계급에 속하는 사람들이 사용하는 표식이었으며, 특별한 허락이 없으면 함부로 사용할 수 없는 것이었습니다. 특정 건물에만 사용되어 건물의 등급을 구분하는 상징성을 함께 가지고 있었던 것이지요. 이러한 현상은 당송 시대에도 계속됐습니다. 황제(천자天子)부터 사대

부와 서인에 이르기까지 건물 크기나 지붕 모양, 치미 사용 여부에 차이가 있었습니다. 당나라 황제가 내린 당령(唐令) 조문의 하나가 "궁전은 모두 우진각지붕으로 만들고 치미를 설치한다(宮殿皆四阿, 施鴟尾)"였습니다. 북송대(960~1127)에는 치미의 사용 범위가 확대되어 황실의 사당인 종묘와 태묘*는 물론 왕궁과 경성(京城)의 여러 문(제문諸門), 외주(外州)의 정문에도 치미를 사용할 수 있도록 했습니다. 다만 지방의 정문이나 성문에서는 치미를 사용하더라도, 나뭇가지나 쇠꼬챙이를 끼워 새가 앉지 못하게 하는 거작(拒鵲)은 사용하지 못하게 하는 등 약간의 차별을 두고 있었습니다.[3]

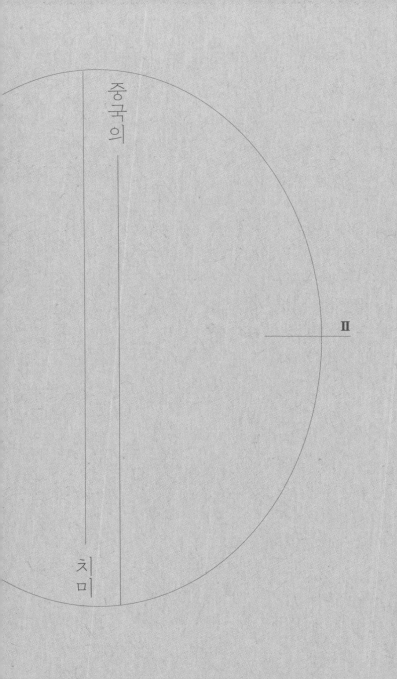

중국의

치
미

II

현재 중국에서도 초기 치미의 실물 자료를 찾으려는 노력이 계속 이어지고 있습니다. 중국에서 현존하는 치미 중 가장 오래된 실물 자료는 북위 시대(北魏, 386~534) 유물입니다. 산시성(山西省) 다퉁시(大同市) 조장성(操場城) 유적에서는 치미의 몸통과 날개 파편이 출토됐는데, 이 유적은 494년 낙양 천도 이전에 속하는 건물지여서 다른 치미 자료들보다 더 일찍 제작됐다고 볼 수 있습니다. 조장성 유적 치미편은 몸통과 날개가 단차로 구분되어 있습니다. 516년에 건립되어 534년 불에 탄 낙양 영녕사(永寧寺) 서문지에서도 치미의 날개 파편이 발견됐는데, 치미의 극히 일부분이어서 전체 형태를 파악하기는 어렵습니다.

북위 시대의 치미는 동굴 사원인 윈강석굴(雲崗石窟)이나 룽먼석굴(龍門石窟), 대형 고분에 표현된 치미를 통해서 그 모습을 추정할 수 있습니다. 룽먼석굴 탕쯔동(唐字洞) 굴의 처마에 놓인 치미는 여러 가닥의 선을 그려 표현하고, 그 선이 치미의 굴곡을 따라 점점 좁아지는 모습이 새 날개의 깃털처럼 보입니다. 이는 조장성 유적이나 영녕사 출토품과 닮아 있습니다.

북위 시대 동굴 사원에 표현된 치미. 위에서부터 윈강석굴 제10굴 전실 조각, 룽먼석굴 고양동 서북 귀퉁이 옥형감 일부, 룽먼석굴 탕쯔동 처마(하단 왼쪽), 처마 부분 확대(하단 오른쪽).

중국 허베이성(河北省) 예청(鄴城) 부근 장허(漳河)
일대와 허좡춘베이(河庄村北)에서는 동위·북제 시대
(534~577)에 속하는 치미가 발견됐습니다. 장허 부근에
서 발견된 치미 조각은 남아 있는 높이가 29센티미터
로, 머리 부분의 폭이 22.2센티미터, 머리에서 배까지
길이는 25.5센티미터인데, 황룡사지 치미처럼 상하
가 두 부분으로 구분돼 있습니다. 허좡춘베이에서 발
견된 치미는 높이 40센티미터, 머리 폭 14.5센티미터,
머리에서 배까지의 길이는 28센티미터로 소형 치미
라고 할 수 있습니다.

두 점 모두 머리 부분에 동그란 구멍이 뚫려 있고,

중국 동위·북제 시대 치미. 허베이성 예청 장허(漳河) 출토 치미(①, ②)와
허베이성 예청 허좡춘베이(河庄村北) 출토 치미(③).

몸통과 날개가 단을 이루고 있습니다. 머리 쪽에 뚫린 구멍은 새가 앉지 못하게 나뭇가지 등으로 거작을 꽂는 부분이었으리라 짐작됩니다. 장허에서 발견된 조각은 조장성 유적 치미 파편처럼 몸통과 날개가 구분되어 있고, 허좡춘베이 치미는 능골과 이어지는 꼬리가 머리보다도 튀어나온 점이 특징입니다. 산시성 신저우(忻州)에 있는 구원강북조벽화묘(九原崗北朝壁畫墓)에 그려진 벽화 중 문루도(門樓圖)에서도 비슷한 모양의 치미를 볼 수 있습니다.

이런 자료를 통해 몸통에 단을 그려 넣고, 종대를 따로 만들지 않고 단의 차이로 날개를 표현한 치미가 낙양 천도 이전부터 동위·북제 때까지 중국 동부 전체에서 보편적으로 유행했다고 짐작할 수 있습니다. 남조에서는 아직까지 치미가 발견된 사례가 없지만, 집 모양을 본뜬 그릇에 치미로 볼 수 있는 장식 기와들이 확인됩니다.

수당 시대가 되면 몸통과 날개 전체가 단으로 표현되던 남북조 시대의 치미는 더 이상 제작되지 않습니다. 수나라 인수궁(仁壽宮) 정정(井亭) 유적이나 당나라 구성궁(九成宮) 9호 유적에서 출토된 치미를 살펴보

중국 수당대 치미. 인수궁 정정 유적(왼쪽)과 구성궁 9호 유적(오른쪽).

면, 볼록한 띠처럼 생긴 종대로 몸통과 날개를 구분지으며, 몸통부에는 아무런 장식이 없습니다. 덧띠(돌대 突帶)*처럼 표현된 능골은 꼬리 부분이 앞쪽으로 튀어나오고, 날개 부분이 몸통보다 더 돋보이게 표현된 새로운 모습입니다. 608년에 묻힌 수나라 이정훈묘(李靜訓墓) 석곽에 장식된 치미는 몸통에 아무런 무늬가 없고, 종대와 날개를 선으로 새겨 표현했으며, 꼬리 끝이 튀어나와 있습니다. 이처럼 몸통에 있던 단이 사라지고, 종대와 날개, 능골의 윤곽이 돌출된 띠처럼 표

수나라 이정훈묘 석곽. 기와지붕에 치미가 보인다.

현되고 날개 뒤가 평평해지는 것이 수당 치미의 특징
이라 할 수 있습니다.[4] 중국 치미에서의 이러한 변화
는 한반도에서도 유사하게 나타납니다.

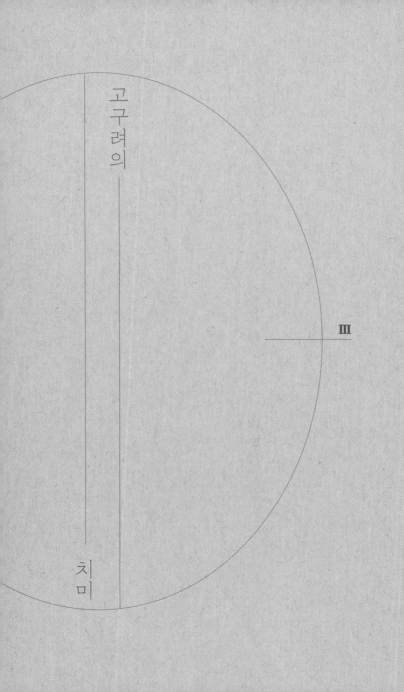

고구려의

치
미

III

이제 한반도로 돌아와 삼국의 기와 사용을 살펴볼까요? 그동안 발굴된 실물 자료를 통해 한반도에서는 3세기 무렵에는 기와를 사용하기 시작해서 4세기대에는 수막새를 사용했음을 알 수 있습니다. 고구려 치미는 발견된 사례가 적어 그 실상을 파악하기 어렵지만, 안악 3호분과 1호분, 약수리 고분, 용강대묘 등 고분 벽화에 그려진 건물 지붕에 치미가 표현되어 있습니다. 안악 3호분의 경우 357년, 안악 1호분은 4세기 말에서 5세기 초에 만들어진 것으로 추정되므로, 고구려에서도 늦어도 5세기 전반에는 치미가 사용됐음을 짐작할 수 있습니다.

안악 3호분 추정 방앗간(왼쪽)과
안악 1호분 전각도(오른쪽).

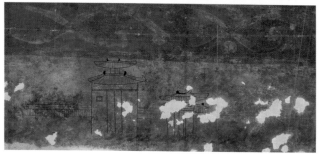

약수리 고분 벽화 마구간(위)과
용강대묘 벽화에 표현된 건물 지붕의 치미(아래).

고구려 영토는 대부분 현재 북한과 중국 지역에 걸쳐 있어서 우리가 연구하기에는 자료가 매우 부족합니다. 다만 평양에 있는 고구려 사찰 정릉사지와 고구

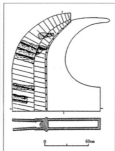

정릉사지 치미.

려의 도성 유적인 안학궁지에서 출토된 치미 조각이 일찍부터 알려졌습니다. 정릉사지에서 출토된 치미 조각은 황갈색을 띠며, 몸통과 날개가 단차로 구분되고, 종대에 구슬 모양이 점점이 이어진 연주문이 있습니다. 이 치미는 높이 1.4미터, 길이 1.2미터인데 반해, 바닥 폭이 16센티미터로 좁다는 점이 특징입니다. 다른 치미들은 폭이 50센티미터 내외로 넓거나 한쪽이 넓어지는 모습을 보이는데, 정릉사지 치미는 폭이 일정하다는 점도 독특합니다.

북한이 1970년대에 발굴한 안학궁지에서는 모두 4개체분의 치미가 출토됐는데, 그중 2개체분이 완성된 모습으로 복원됩니다. 그중 중궁에서 나온 치미A

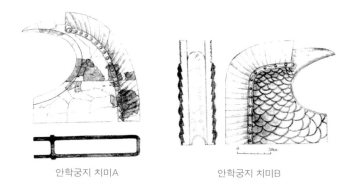

안학궁지 치미A안학궁지 치미B

는 꼬리가 새부리 모양으로 뾰족하게 돌출된 당나라
초기 양식의 계보를 잇고 있습니다. 상하를 따로 만든
다음 이어 붙였는데 두 짝을 연결하기 위한 작은 구
멍이 남아 있습니다. 높이 2.1미터, 길이 1.8미터, 바닥
폭 40센티미터로, 몸통과 날개 사이의 종대에는 반
구 형태로 구슬 16개를 붙여 연주문(連珠文)으로 장식
했습니다. 몸통에는 아무런 문양이 없지만 상단 중앙
에, 북한 연구자들이 '새 눈을 상징한 둥근 무늬'라고
설명하는 고사리무늬가 반원형으로 덧붙여져 있습니
다. 이 치미의 바닥 부분은 머리부터 배까지 폭이 일
정합니다.

안학궁지 출토 치미B는 높이 1.6미터, 길이 1.53미

터, 바닥 폭 46센티미터로 중궁에서 출토된 것보다는 작습니다. 치미B는 몸통에 비늘무늬가 있는 것이 특징입니다. 마찬가지로 종대를 반구 형태의 연꽃 봉오리 무늬로 장식했습니다. 배에는 높이 16센티미터, 지름 18센티미터 크기의 반원형 구멍이 뚫려 있습니다. 안학궁지에서 발견된 두 종류의 치미는 모두 회청색입니다.

안학궁지를 두고 고구려 유적인지, 고려 유적인지 논란이 있습니다. 안학궁지 발굴 유적에 고구려 최말기에 속하는 수막새가 섞여 있다는 주장도 있지만, 기와는 고려 시대 것밖에 발견되지 않았다는 반론도 만만치 않아 만들어진 시기를 확언하기가 어렵습니다.[5]

안학궁지에서 출토된 2점의 치미는 중국 수당대 이후에 유행하는 치미 형태의 속성을 모두 갖추고 있습니다. 즉, 몸통에 문양이 없고, 종대에는 반구 모양의 연주문을 장식했으며, 능골은 꼬리 끝부분이 앞쪽으로 툭 튀어나와 있습니다. 그중 치미A는 발해 유적인 상경성 용천부 8호 사지에서 출토된 녹유치미와 형태나 문양이 비슷합니다. 또, 치미B는 몸통에 비늘 모양 장식이 있는 점이 일제 강점기에 일본이 평안남도 평

원군에 있는 원오리사 절터에서 수집한 치미와 닮았습니다. 원오리사는 6세기 중엽에 창건됐다고 추정되는데, 안학궁지 기와와 같은 틀에서 만들어진 기와가 출토되기도 하여 두 유적 사이에 밀접한 관련이 있다고 생각됩니다.[6] 안학궁지 출토 치미A가 고구려 최말기에 속하는 것이면 발해 치미와의 관련성을 말할 수 있는 자료가 될 수 있고, 2점 모두 고려 시대에 제작된 것이라면 고구려 치미의 복고풍으로 평가할 수도 있습니다. 정릉사지와 안학궁지에서 출토된 치미와 관련된 자료들은 평양의 조선중앙력사박물관이 소장하고 있어, 안타깝게도 현재 우리는 도면으로만 접할 수 있습니다.

고구려는 유리왕 때 졸본에서 압록강 중류에 있는 국내성으로 수도를 옮겼습니다. 고구려인은 산과 평지에 짝을 이루며 성을 쌓았는데, 평소에는 평지에 있는 성을 중심으로 생활하다가 외적이 침략하면 산성으로 옮겨가 방어했습니다. 국내성과 쌍을 이루는 산성은 환도산성(丸都山城)인데, 현재 중국 지안시의 해발 676미터 환도산에 자리 잡고 있습니다. 이 환도산성의 발굴 조사에서 치미 조각 2점이 출토됐습니다.

짐승 얼굴 무늬 수막새 A

짐승 얼굴 무늬 수막새 B

환도산성 출토 수막새.

정문이라 할 수 있는 1호 문터와 산성 내부의 1호 건물터에서 짐승 얼굴 무늬(수면문獸面文)와 연꽃무늬(연화문蓮花文), 덩굴무늬(당초문唐草文) 수막새와 함께 치미 조각이 출토됐는데, 중국의 보고서에서는 '특수건축부재(特殊建築构件)'라고 적고 있습니다.[7]

보고서에 따르면, 환도산성 문터에서 출토된 치미A는 엷게 붉은색을 띠며 정면에 짐승 얼굴 무늬가 얕게 음각돼 있습니다. 현재는 입과 코 부분만 남아 있습니다. 입에는 16개의 치아가 있는데, 위아래 각각 두 개의 송곳니가 있고, 입을 벌리고 있는 형태로 가장 넓은 부분의 폭이 35센티미터입니다. 그 위로 둥그스름

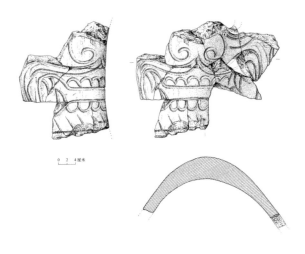

0 2 4厘米

환도산성 출토 치미A.

한 콧구멍이 남아 있습니다. 전체 문양은 대략 90도
의 회전각을 중심으로 대칭을 이루며 배치되었습니
다. 치미A는 능골을 중심으로 좌우 대칭으로 꺾어지
며, 콧구멍과 치아가 음각된 부분이 완만하게 곡선을
이루고 있는 모양으로 보아 능골이 위로 꺾이는 부분
에 해당함을 짐작할 수 있습니다. 보고서의 컬러 사진
이나 지안박물관(集安市博物館)에 전시된 실물을 직접
보면, 밑감이 되는 흙은 황갈색을 띠지만 표면에 유약
을 바른 것처럼 채색한 흔적이 관찰되어 녹색을 띠는
초보적인 유약인 녹유(綠釉)를 입혔을 가능성도 있습
니다.

　치미B는 붉은색으로 단면은 아치형입니다. 가장 두
꺼운 부분은 7.5센티미터이며 표면에는 여러 겹의 물

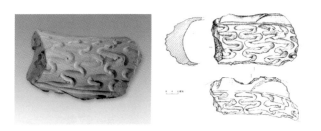

환도산성 출토 치미B.

결무늬를 그렸습니다. 완만한 곡선을 이루는 모양이 능골 부분으로 보입니다. 환도산성 1호 문터와 궁전 터 주변에서 도깨비 얼굴 무늬 수막새가 함께 발견돼, 치미A에 새겨진 문양을 추정하는 데 도움이 됐습니다. 이 수막새들은 6세기 3/4분기 이후에 만들어졌다고 보는 견해가 있어서 치미가 만들어진 시기를 추정할 때 참고가 됩니다.[8]

2001년부터 경기도 연천, 임진강 북쪽에 있는 고구려의 성곽 유적인 호로고루(瓠蘆古壘)가 발굴됐습니다. 이 호로고루의 기와 집중 퇴적지에서도 치미 조각 42점이 출토됐습니다.[9]

이곳에서 발견된 치미는 황갈색인데, 표면에 물고기 비늘 모양의 곡선 문양을 음각으로 새겨 놓았습니다. 안쪽 면에는 물로 손질했던 흔적이나 손누름 자국, 점토 띠를 만들었던 흔적이 관찰되며, 'L'자 형태로 꺾이는 부분도 일부 남아 있습니다. 이곳에서는 연꽃무늬 수막새와 용마루 밑의 기왓골을 막는 착고 기와*를 비롯하여 많은 암키와·수키와가 함께 발견됐습니다. 호로고루 1호 건물지 북쪽에 기와 집중 퇴적지가 넓게 퍼져 있는데, 이 건물에서 사용했던 기와

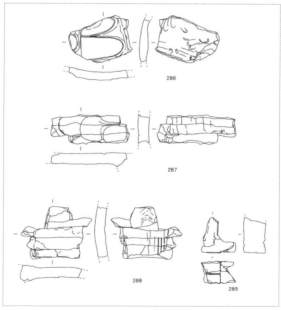

286

287

288

289

호로고루 출토 치미와 수막새.

를 버린 것으로 생각됩니다. 호로고루에서 출토된 치미 조각도 원오리사지에서 발견된 치미와 매우 닮았습니다. 다만 원오리사지에서 나온 치미 조각은 비늘 모양을 덧붙여 나가면서 만든 데 반해, 호루고루 치미 조각은 음각으로 비늘을 표현하고 뒷면은 손이나 도구로 누른 자국이 있다는 점이 다릅니다. 현재 원오리

원오리사지 치미A.

원오리사지 치미B.

사지 치미 조각은 6세기 중엽에 만들어졌다고 추정되고 있습니다. 호로고루 출토 치미편은 이보다 한 단계 뒤인 6세기 후반 이후에 제작됐다고 보고 있습니다.

환도산성과 호로고루 출토 치미편은 발굴 조사에서 출토된 고구려 자료라는 점에서 중요합니다. 특히 환도산성 치미A·B는 몸통과 능골에 짐승 얼굴 무늬가 장식된 최초의 사례입니다.

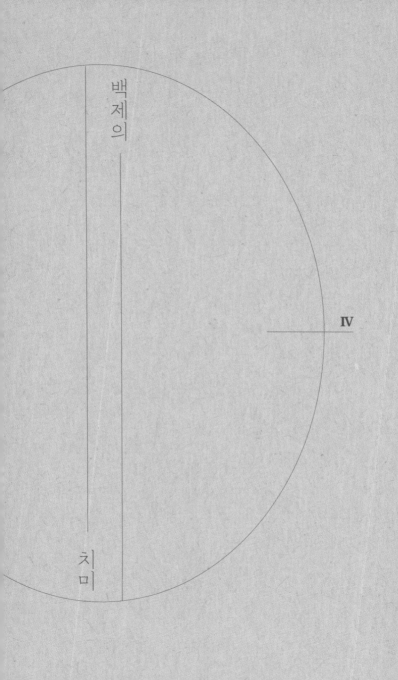

백
제
의

치
미

IV

백제의 치미는 부여 정림사지와 군수리사지, 능산리사지, 왕흥사지, 부소산사지, 금강사지, 익산 제석사지와 미륵사지 등에서 출토됐습니다. 그중 완전한 형태로 복원할 수 있는 유물이 출토된 곳은 부여 왕흥사지, 부소산사지, 익산 미륵사지 세 군데입니다.[10] 백제에서 가장 오래된 치미일 가능성이 있는 것은 공주 반

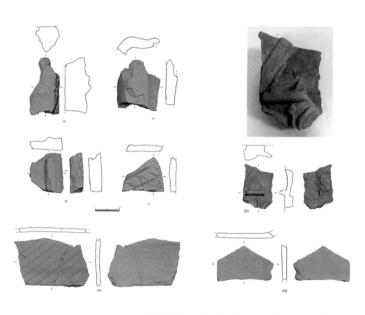

공주 반죽동 197-4번지에서 출토된 치미 조각들.

죽동 194-4번지 일대 대통사 유적에서 발견된 치미 조각입니다. 대통사는 《삼국유사》에 기록된 백제 최초의 본격적인 사원인데, 백제 성왕(523~554)이 창건했다고 알려졌습니다. 이곳에서 치미의 날개와 몸통 파편이 발견됐지만 매우 단편적이라서 대통사가 처음 지어졌을 때 사용된 것인지, 나중에 고쳐 지을 때 사용한 것인지 쉽게 판단하기 어렵습니다. 다만 부여 왕흥사지에서 발견된 치미 장식 중에 비슷한 무늬의 장식이 확인되어 사비 천도 이후에 제작됐을 것이라는 의견이 제기됐습니다.

백제 성왕이 도읍을 웅진(현재의 공주)에서 사비(현재의 부여)로 옮긴 538년 이후 나타나는 백제 치미의 특징을 가장 잘 보여 주는 유물은 왕흥사지 출토품입니다. 왕흥사지에서는 중앙 진입 시설과 강당지, 동·서 건물지, 서편 건물지3 등 여러 곳에서 이른 단계의 치미가 나왔습니다.[11] 그중 동건물지의 남측 기단에서 치미의 하단 일부와 상단이, 북측 기단에서는 하단이 거의 온전한 형태로 출토됐습니다. 지붕 양 끝에 올려져 있던 치미가 한쪽은 아랫부분만 발견되고 다른 쪽은 윗부분이 발견된 것인데, 이 두 개를 합체해서 완

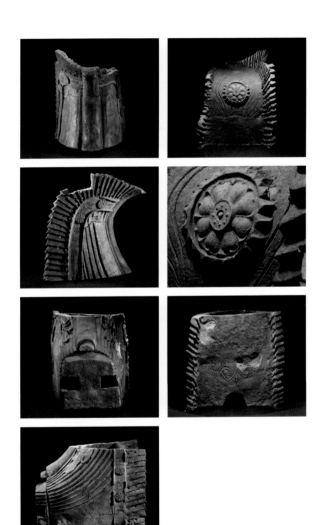

백제 왕흥사지 치미.

전한 형태의 치미로 복원할 수 있었습니다.

왕흥사지 동건물지 출토 치미는 높이 123센티미터, 길이 74센티미터로, 지금까지 백제에서 발견된 형태가 완전한 치미 가운데 가장 큽니다. 또, 기존에 알려진 치미들과 달리 다양한 문양이 화려하게 장식돼 있습니다. 날개와 몸통이 만나는 부분에 폭 7센티미터의 종대가 있고, 종대 내부에는 연꽃무늬와 대롱문이라고 부르는 마름모꼴의 점무늬가 장식돼 있습니다. 머리 부분은 높이 40센티미터, 폭 32.0~43.5센티미터이며, 배 부분에는 식물 줄기 모양을 그린 초화문(草花文) 위에 삼각돌기형 연꽃무늬 장식판이 부착돼 있습니다. 몸통은 머리 쪽 중앙에서부터 위쪽으로 양면에 모두 층을 이루고 있는데, 기저부 부근은 선을 그어 표현했습니다. 치미 위쪽, 절단면 부근은 층 위에 점토 띠로 구름무늬를 붙여서 장식했습니다. 용마루 적새 기와*에 연결되는 부분인 머리 가운데 양옆으로는 네모난 구멍이 뚫려 있고, 구멍 위쪽에는 가로 방향으로 단을 표현했습니다. 머리와 능골이 만나는 지점에는 유단식(有段式) 수키와의 물림자리(미구)처럼 단이 있어, 수키와와 연결하기 위한 부분으로 보입니다.

치미의 배 상단에는 연꽃 장식이 붙어 있습니다. 이 연꽃무늬 장식판은 왕흥사지를 처음 지을 때 사용한 수막새와 같은 틀에서 찍어 낸 것으로 생각됩니다.[12] 왕흥사지에서는 원형돌기형 연꽃무늬 수막새 1종과 삼각돌기형 연꽃무늬 수막새 2종이 발견됐는데, 그중 치미의 배에 장식된 연꽃과 모양이 같은 것은 중앙에 점 1개, 둘레에 점 8개(1+8)로 연꽃 열매(연자蓮子)를 표현한 삼각돌기형 연꽃입니다. 수막새의 동그란 부분을 찍어 내는 틀은 보통 나무로 만드는데, 계속해서 기와를 찍어 내다 보면 틀에 상처가 나서 그 흔적이 기와에도 남게 됩니다. 왕흥사지 동건물지와 서건물지에서 발견된 치미 배 파편 두 점에 장식된 연꽃잎(연판)은 모두 같은 위치에 기와틀의 흠이 남긴 흔적(범상흔)이 있습니다. 재미있게도 같은 흔적이 왕흥사지 가람 내에서 발견된 삼각돌기형 연꽃무늬 수막새에서도 나타납니다. 이것을 보면 왕흥사지 동쪽과 서쪽 부속 건물지는 거의 동일한 크기와 문양을 가진 치미가 장식됐고, 그것을 제작한 공인은 창건기 수막새를 제작한 동쪽 기와 공방에서 활동하던 와공(瓦工)이라고 생각할 수 있습니다. 따라서 왕흥사지 치미는 577년 처음 지어졌을 때 사용됐다고 짐작할 수 있습니다.

왕흥사지 동건물지 출토 치미는 처음에는 한몸으로 제작한 후, 비스듬하게 잘라 상하로 나누어 가마에서 구워 냈습니다. 하지만 신라 황룡사지 치미와 달리 상부와 하부를 연결하기 위해 별도로 구멍을 뚫지는 않았습니다. 오히려 날개 부분에 2개의 작은 구멍이 뚫려 있는데 이것은 다른 치미들에서 보이지 않는 점입니다. 파편으로 발견된 치미에서는 부위별로 점토 덩어리, 점토 띠, 점토판 등을 찾아볼 수 있습니다. 치미의 아랫부분은 폭 3센티미터 정도의 점토 띠를 층층이 쌓아 올리는 테쌓기 방법으로 사다리꼴 형태로 만들었습니다. 날개를 따로 만든 후 점토를 덧발라 상부 몸통 각 판에 이어 붙였습니다. 능골은 점토 덩어리를 덧붙여 가며 반원형의 형태를 만들고, 끝에 수키와 모양의 점토판을 덧붙였습니다. 몸통의 형태를 다 만든 다음에 장식판을 붙이고 문양을 새기는 장식을 했습니다. 배의 연꽃무늬 장식판 부착 흔적이나 문양 주변에 보이는 밑그림 흔적들은 이러한 장식들이 일정한 계획에 따라 이뤄졌음을 잘 보여 줍니다.

부여 부소산사지에서는 여러 개의 치미 조각이 수

습되어 1978년에 처음 복원되었습니다. 부소산사의
금당에 사용된 치미인데, 크기는 높이 90.9센티미터,
길이 67.8센티미터입니다. 종대는 폭 5.7센티미터의
돋을선이 지나가고 안쪽에는 12개의 선이 음각으로
그어져 있습니다. 머리 부분은 높이 21.6센티미터 폭
34.3센티미터로 반원형이고, 배 부분 중앙에는 삼각
돌기형 연꽃무늬 장식판이 부착되어 있는데 하단부
는 반원형 구멍 위에 다시 타원형의 구멍이 뚫려 있습
니다. 몸통은 양면이 모두 21단으로 층이 져 있고, 능
골과 머리가 만나는 지점은 유단식 수키와의 물림자

백제 부소산사지 치미.

리처럼 단이 있습니다.

그런데 2022년 미국 스미소니언에서 열린 '치미' 특별전에 출품하기 위해 이 치미를 점검하다가, 파손 가능성이 있다고 판단되어 재보존 처리를 하기로 결정했습니다. 그래서 1978년 복원했던 재료들을 모두 뜯어낸 뒤 다시 복원했는데, 이 과정에서 제작 기법이나 공정 등을 새롭게 파악할 수 있었습니다.[13]

치미의 제작 공정은 크게 4단계였던 것으로 보입니다. 먼저 치미의 뼈대를 튼튼하게 만들기 위해 일정 두께의 점토 띠를 만들어 테쌓기를 하고, 넓은 부위는 점토판을 이어 붙여 대략적인 큰 틀을 제작합니다. 어느 정도 형태가 갖추어진 치미의 안쪽과 바깥쪽에 층단 형태의 양감을 표현하여 모양을 만들어 나갑니다. 마지막으로 먹이나 선으로 몸통에 직접 구획을 표시하고 흙을 덧붙이거나 음각하여 세부 문양 장식을 더합니다. 그리고 종대 양쪽에 둥근 선을 덧붙여 마무리합니다.

부소산사지 치미를 해체하여 3D 스캔한 자료로 모델링한 결과, 치미의 능골이 정중앙에 위치하지 않고 안쪽으로 약간 기울어진 사실을 알 수 있었습니다. 이렇게 능골이 한쪽으로 기울도록 만든 모습은 신라의 황룡사지, 분황사지, 법천사지 치미에서도 확인할 수 있기에 백제 치미만의 독특함이라기보다는 공통적인 특징으로 볼 수 있습니다.

부소산사지 치미의 배 부분에는 8개의 꽃잎이 있는 삼각돌기형 수막새가 장식판으로 부착되어 있습니다. 그런데 이 수막새는 부소산사지 가람 중심부에서 여러 점 출토된 꽃잎이 7개인 연꽃무늬나 8꽃잎의 연꽃무늬 수막새와는 전혀 무늬가 다릅니다. 아마도 부소산사를 창건할 때 사용한 기와와 다른 공방에서 만든 듯합니다. 기와와 치미를 같은 공방에서 구워 낸 것으로 생각되는 왕흥사지와는 다른 점이지요. 이를 통해 우리는 백제에서는 수막새를 제작하던 공방에서 치미까지 함께 제작·공급하기도 했고, 별개의 공방에서 별도로 치미만을 제작하여 사용하기도 했다고 짐작할 수 있습니다.

미륵사지에서는 여러 시기에 걸쳐 치미가 제작됐는데,[14] 그중 동원 승방*지에서 발견된 치미가 완전한 형태로 복원되어 잘 알려져 있습니다. 미륵사지 치미는 높이 99센티미터, 길이 86센티미터로 사선 방향으로 아래위가 나뉘어 있습니다. 종대는 튀어나온 선이 아니라 폭 10.5센티미터 정도의 면을 이루는데, 왼쪽은 12단, 오른쪽은 13단을 그어 표시했습니다. 그리고 각 단은 몸통 쪽을 반원 모양으로 파서 장식을 했습니다. 머리 부분은 높이 22.2센티미터, 너비 28.8센티미터로 중앙에 지름 7.8센티미터의 원형 구멍이 뚫려 있습니다. 머리와 능골이 만나는 부분은 유단식 수키와의 물림자리처럼 마무리되어 용마루와 연결되는 부분임을 알 수 있습니다. 배 부분은 왕흥사지나 부소산사지 치미와 달리 아무런 문양이 없고, 하단 중앙에

백제 미륵사지 치미.

작은 구멍 2개가 뚫려 있습니다. 몸통에는 머리 중앙에서부터 아랫부분에 왼쪽은 6개, 오른쪽은 7개의 단이 그어져 있고, 그 위쪽에는 문양이 없습니다. 이 단은 마치 암키와를 쌓아 놓은 모양입니다. 날개는 안쪽과 바깥쪽 모두 층이 있고, 위쪽에는 작은 구멍이 뚫려 있습니다.

이 치미는 부소산사지에 비해 종대가 좀 더 넓어지며, 몸통은 암키와를 닮은 아랫부분을 제외하고는 무늬가 없습니다. 또, 왕흥사지나 부소산사지의 치미와 달리 배 부분에는 아무런 장식이 없습니다. 몸통에 무늬가 없어지고 종대의 넓이가 점차 넓어지는 점으로 보아 미륵사지 동원 승방지 치미가 부소산사지 치미보다 조금 더 늦게 만들어진 것 같습니다.[15] 몸통에 문양이 없다는 점은 중국 수당대 치미와 연결성이 있지만, 종대 안에 단이 있고, 능골 앞쪽에 설치한 수키와 물림자리를 만들거나 기저부에 적새를 그려 넣은 모습은 백제다운 치미 제작 기법이라고 할 수 있습니다. 미륵사지 동원이 다른 건물들보다 조금 더 늦게 건립됐다는 점을 고려해 볼 때, 이 치미는 7세기 중엽에 제작된 듯합니다.

암키와와
수키와

암키와는 평평한 기와의 양쪽이 중심보다 올라가 약간 휜 모양입니다. 수키와 밑에 놓여서 기왓골을 이루고 눈과 빗물을 막는 역할을 합니다. 흙으로 큰 원통을 구운 다음 세로로 4등분 또는 3등분하여 만듭니다.

수키와는 반원통형의 기와입니다. 흙으로 구워 만든 작은 원통을 세로로 반을 가른 모양으로, 두 암키와 사이에 생기는 틈새에 엎어 놓습니다. 아래쪽의 지름이 윗부분보다 좁게 토시 모양으로 만드는 무단식(無段式)과 아래쪽에 수키와끼리 서로 연결하기 위해 만든 물림자리가 튀어나온 유단식(有段式)의 두 종류로 구분할 수 있습니다.

무단식 기와.

유단식 기와.

——————————————————————— 동궁과 월지 출토 수키와.

대체로 무단식은 삼국 시대 초기부터 만들어지기 시작하여 고구려에서 좀 더 유행한 것으로 보이고, 유단식은 백제 웅진기부터 본격적으로 나타나 통일신라 시대에 주류를 차지하여 고려·조선 시대까지 이어졌습니다.

연꽃무늬
수막새

수막새는 기와지붕의 처마 끝에서 수키와 끝을 막는 기와
입니다. 기와를 올릴 때 진흙을 발라 붙이는데, 이 진흙이
흘러내리지 않도록 고정하는 역할을 하지요. 끝을 막는 동
그란 부분을 와당이라고 하는데, 이 부분에 무늬를 넣습니
다. 와당은 따로 동그란 틀에 찍어 내어 만든 다음 수키와
에 붙입니다. 가장 많이 사용된 문양은 아마도 연꽃무늬일
듯합니다. 연꽃무늬는 꽃잎(연판)의 수와 모양이 만들어진
시기에 따라 다양하게 나타납니다.

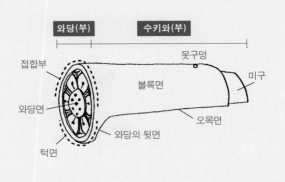

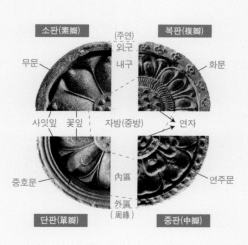

소판(素瓣) (주연) 외구 내구 복판(複瓣)

무문 화문

사잇잎 꽃잎 자방(중방) 연자

중호문 內區 연주문

外區 (周緣)

단판(單瓣) 중판(中瓣)

와당에 연결된 수키와 부분은 무늬에 따라 차이가 있었던 것이 확인됩니다. 예를 들어, 부여 왕흥사지를 처음 세울 때 사용한 기와에서는 연꽃무늬가 크게 두 그룹이 확인됐습니다. 원형돌기형을 이룬 연꽃무늬와 삼각돌기형을 이룬 연꽃무늬입니다. 원형돌기형은 물림자리 부분을 갖춘 유단식 수키와랑 연결되지만, 삼각돌기형은 물림자리가 없는 무단식 수키와가 연결되는 차이를 보였습니다. 다만 왕흥사지에서 사용한 두 그룹의 수막새들은 모두 절터 동쪽에 있는 가마에서 만들어진 것으로 확인됐습니다.

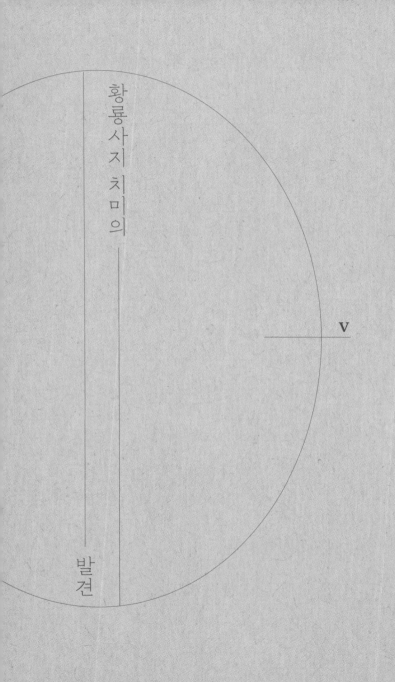

황룡사지 치미의

발견

V

고신라에 속하는 치미 중 가장 확실한 사례가 바로 황룡사지에서 발견된 치미입니다. 높이가 182센티미터, 몸통 측면 길이가 105센티미터, 배 너비가 108센티미터로 신라 치미 가운데 가장 크지요. 이렇게 큰 치미를 올린 건물은 얼마나 웅장했을까요?

황룡사가 있던 자리는 현재 경주 구황동 일대로, 대부분은 발굴 조사가 완료됐고, 현재는 건물 기초 부분이 드러난 상태로 정비돼 있습니다. 황룡사지 발굴은 1970년대 '경주관광종합개발계획' 중 하나로 포함돼 1976년 4월부터 이뤄졌습니다. 처음에는 3년 계획으로 진행하다가 예상보다 규모가 크고 건물지가 많아 1983년 11월까지 기간을 연장하여 조사했습니다. 발굴 이전에 이 지역은 민가가 마을을 이루고 논밭이 개간되어 있었습니다. 정부에서 민가 100여 호를 철거하고, 연차적으로 약 18만 제곱미터(5만 6,700여 평)의 주변 토지를 매입해 발굴을 진행했습니다. 장장 8년이 걸린 이 조사의 결과물은 계속 정리하여 보고되고 있습니다. 이후 2016~2018년에도 보완 발굴 조사가 일부 이뤄졌습니다. 발굴 조사 결과, 황룡사의 전체 넓이는 무려 8만 928제곱미터(2만 5,000평)으로 동서 288미터, 남북 281미터의 담장이 확인되어 한 변이 300미터에 가까운 정사각형 형태로 밝혀졌습니다.

기록에 따르면, 황룡사는 진흥왕 14년(553)에 공사를 시작해 17년 만인 진흥왕 30년(569)에 외곽 담장을 둘러 1차 가람(伽藍)을 마무리했다고 합니다. 월성 동북쪽의 늪지를 매립해 지었는데, 이 자리에 궁궐을 지으려고 공사를 하던 중에 황룡이 나타나자 계획을 바꾸어 절을 세웠다고 하지요. 신라 사람들은 월성 동쪽에 용궁이 있다고 생각했는데, 그 위치는 황룡사의 남쪽, 분황사의 북쪽이라고 전해지고 있습니다. 황룡사가 있는 자리는 신라인들이 석가모니 이전에 부처가 머무르던 곳이라 믿던 칠처가람* 중 하나이기도 합니다.

그 뒤 진흥왕 35년(574년)에 키가 1장 6척(약 5미터)인 장육존상(丈六尊像)*을 비롯한 금동삼존불을 만들었습니다. 삼존불이란 중앙의 본존불과 양 옆의 두 보살상을 합하여 부르는 말로 세 부처님을 의미합니다. 인도의 아소카왕이 철 5만 7,000근과 금 3만 푼(分)을 모아서 석가삼존불상을 만들려다 뜻을 이루지 못하자 금과 철, 삼존불상의 모형을 배에 실어 바다로 보냈다고 합니다. 이 배가 신라 땅에 닿았기에 신라 사람들이 그 재료를 경주로 가져와 황룡사에 삼존불을 만들었다고 합니다. 그 뒤 진평왕 6년(584)에는 이 불상을 모셔 두기 위해 금당을 새로 지었습니다. 발굴 결과, 장육상이 있던 중앙 금당은 약 1,700제곱미터(507평), 양 옆의 두 보살상을 모신 동서 금당은 각각 750제곱미터(228평) 규모로 확인됐습니다. 장육존상은 현재 남아 있지 않고 불상의 머리카락 부분인 나발의 파편으로 추정되는 조각만이 발견됐습니다. 금당지에는 삼존불이 놓여 있던 거대한 대석 세 개가 남아 있습니다. 금당지에 남아 있는 초석으로 미뤄볼 때 금당은 장육존불을 중심으로 정면 9칸, 측면 4칸 규모로 생각됩니다.

선덕여왕 때에는 9층 목탑을 건립했습니다. 당에서 유학하고 돌아온 자장율사가 외적의 침입을 막고 삼국을 통일하기 위해 목탑을 세우자고 건의한 데 따른 것입니다. 선덕여왕 14년인 645년에 완공된 9층 목탑은 전체 높이가 약 80미터나 되는 높은 탑으로 경주 시내를 한눈에 내려다볼 수 있었으리라 생각됩니다.

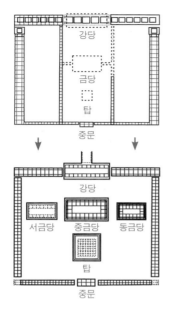

강당

금당

탑

중문

강당

서금당 중금당 동금당

탑

중문

황룡사지 가람 배치는
1탑 1금당에서 1탑 3금당으로
변화했다.

황룡사를 처음 지었을 때는 1탑 1금당*식 가람 배치를
이루고 있었지만, 삼존불을 모시며 금당을 세 동으로
다시 짓고 9층 목탑을 세우면서 1탑 3금당의 가람 배
치로 중건*된 것으로 보입니다.

　남쪽에서 문을 통해 황룡사 경내로 들어오면 9층
목탑이 높이 솟아 있고, 그 뒤로 중금당*과 양쪽 동·서
금당이 위치했을 것입니다. 금당 뒤에는 강당*이 있었

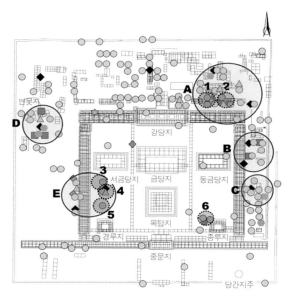

〈황룡사 출토 고식기와 분포도〉 ● 단판연화문수막새 ◆ 유문단판연화문수막새 ● 귀면문
수막새 ■ 연화문연목와 ▲ 사래기와 ★ 귀면와 ◆ 치미 1~6 폐와무지 A~E 기와 밀집구역

―――――――――――――――――― 황룡사지 건물 배치도 및 치미 발굴 위치.

는데, 이곳에서 원효대사가 금강삼매경론*을 강설했
다는 기록이 있습니다. 신라의 왕들은 나라에 큰일이
있을 때마다 이 강당을 직접 찾아서 법회에 참석하고
국가의 안녕을 기원했습니다. 황룡사의 중심인 목탑
과 금당, 강당을 둘러싸고 동·서, 남쪽으로 여러 채의 건물이 회랑(回廊)을 이루었습니다. 회랑은 옆면이 한두 칸짜리인 기다란 직사각형 건물이 ☐자 모양으로 내부 공간을 에워싸는 형태를 이루는데, 보통 중심 방향으로는 열려 있고 바깥쪽으로는 벽체를 세워 담장처럼 사용합니다. 황룡사지 중문 동남쪽 회랑에서는 들보 사이가 두 칸으로 된 복랑(複廊) 구조가 확인되기도 했습니다. 황룡사지에는 절터 가장 남쪽에 문터가 남아 있는데, 탑과 금당이 위치한 회랑지 내곽 영역의 출입구인 중문(中門)과 구별하여 남문(南門)이라고 부르고 있습니다. 남문은 중문에서 약 45미터 떨어져 일직선상에 위치했는데, 정면 5칸, 측면 2칸의 건물이었던 것으로 보입니다. 최근 황룡사지 남문의 남쪽에서 남북 폭이 50미터에 이르는 거대한 광장이 확인되어 큰 관심을 받고 있습니다. 이 광장에서 황룡사로 진입하는 가장 중요한 출입구가 바로 남문이었음을 쉽게 짐작할 수 있습니다. 황룡사는 통일 이후 고려 시대까지 왕실의 중요한 사찰로 기능하며 사찰의 회랑 외부에 다양한 부속 건물을 만들고 수리했던 것 같습니다. 그러나 1238년에 고려-몽골 전쟁 때 불에 타 다시 복원하지 못했습니다.

황룡사지 치미는 이 넓은 황룡사의 영역 중 강당지 동북쪽, 못 쓰는 기와를 쌓아둔 더미(폐와무지廢瓦穴)에서 출토됐습니다. 버려진 기와 더미에서 나왔기에 출토지 가까이에 있는 건물에서 사용됐다고 단언하기 어렵습니다. 그렇기에 이 치미가 언제쯤 만들어졌고, 어디에서 사용되었는지에 대해 여러 연구자가 서로 다른 견해를 제기하고 있습니다. 어떤 연구자는 치미의 특징과 문헌 자료를 검토하여 584년경 금당 및 강당 등 대형 건물에 사용됐다고 보기도 하고,[16] 종대와 배에 있는 연꽃무늬 장식을 집중적으로 분석하여 7세기 3/4분기 이후에 제작되어 중금당에 사용된 치미로 보는 연구자도 있습니다.[17] 발굴 보고서에서는 이 치미의 조성 시기가 비교적 빠르고, 강당지 북쪽의 부속 건물지에서도 같은 모양의 치미 조각이 발견되었다고 서술되어 있어, 7세기 중엽 목탑을 짓기 전의 강당, 또는 목탑과 동시에 조성된 강당지 동·서편 건물에서 사용했던 치미일 가능성도 있습니다.[18]

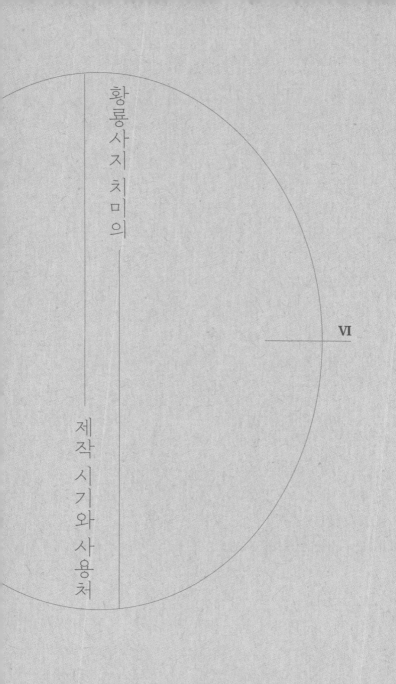

황룡사지 치미의 제작 시기와 사용처

VI

이제 황룡사지 치미를 찬찬히 살펴보겠습니다. 지금
우리가 보는 황룡사지 치미는 깨어져 부서진 상태로
발굴된 조각들을 모아 완전한 모습으로 복원한 것입
니다. 전체적으로 모양이 좌우 대칭을 이루어 안정감
이 느껴지면서 동시에 정제미가 뛰어납니다. 종대와
배에 얼굴 무늬(人面文)와 연꽃무늬를 번갈아 배치하
여 장식했습니다. 매우 정선된 붉은 바탕흙(태토)을 빚
어 윗부분과 아랫부분을 따로 만들어 굽고, 지붕 위에

경주 황룡사지 치미.

경주 황룡사지 치미.

서 조립할 수 있게 만들었습니다. 윗부분과 아랫부분의 경계면에는 위아래를 결합시킬 때 쓰는 작은 구멍이 삼각형 모양(∴)으로 3개씩 총 8군데에 뚫려 있습니다. 구멍은 아래위가 서로 대칭되게 뚫어 철끈 등으로 서로 연결해 고정할 수 있게 했습니다. 치미의 머리쪽은 단면이 반원형이고, 끝에는 유단식 수키와의 물림자리 모양을 한 작은 촉이 달려 있습니다. 몸통에는 아무런 문양이 없습니다. 따로 머리 부분을 만들지 않고 아래쪽을 'ㄱ'자로 꺾인 모양으로 가공했는데, 이런 형태는 황룡사지 치미가 유일합니다.

양 측면의 날개는 가지런한 계단 모양의 층을 이루고 있고, 몸통과 날개가 만나는 종대 부분은 두 줄의 돋을선으로 구역을 나누어 5개의 사각형 모양을 만들었습니다. 그리고 그 사각형마다 연꽃무늬와 얼굴 무늬를 차례로 배치하여 장식했습니다. 배 부분 아래쪽은 산처럼 솟은 삼각형 모양을 하고 있는데, 역시 두 줄의 돋을선으로 공간을 나눈 다음 연꽃무늬와 얼굴무늬를 배치했습니다. 배 위쪽에는 연꽃무늬 장식만 남아 있고 3개의 장식이 사라져 버렸는데, 상하 대칭으로 문양이 배치된 점을 고려하면 가장 위쪽에는 연꽃무늬 장식판 1개, 그 아래에는 2개의 얼굴 무늬가 배치됐으리라 짐작할 수 있습니다. 연꽃무늬 장식판이 있었을 자리에는 한가운데에 구멍을 뚫어 부착한 흔적이 남아 있고, 얼굴 무늬 장식판이 떨어진 자리 두 곳에는 원형이 아닌 타원형 흔적이 남아 있습니다.

　종대와 배에 있는 연꽃무늬 수막새 형태의 장식판은 지름 17센티미터 정도의 동그란 판입니다. 폭이 좁은 꽃잎 8개가 홑겹으로 표현된 연꽃무늬가 있고, 가운데 중방 안에 연꽃 씨앗(연자)이 툭 튀어나온 듯이 표현되어 있습니다. 연꽃 씨는 중앙에 하나, 둘레에 네 개가 배치된(1+4) 형태인데 한가운데 연꽃 씨앗 자리에는 공통적으로 장식판을 부착하기 위한 구멍이 뚫려 있습니다. 연꽃잎은 꽃잎 부분인 연판(蓮瓣)과 꽃잎과 꽃잎 사이의 간판(間瓣)을 구분하여 표현했는데, 꽃잎의 한가운데를 도드라지게 돋을새김하여 마치 연판의 능선(稜線)을 표현한 것처럼 보입니다. 이 연꽃잎 모양과 테두리 장식, 테두리 홈의 차이에 근거해서 이 연꽃무늬 장식판 문양이 7세기 3/4분기 이후에 속한다고 보는 학자도 있습니다.[19]

　그러나 황룡사지 치미에 부착된 장식판은 왕흥사

지 치미에서처럼 수막새의 거푸집에서 연꽃무늬를 찍어 낸 다음 그것을 곧바로 부착한 것이 아니라, 1차로 찍어 낸 연꽃무늬에서 연판 문양이나 중방 등을 손으로 변형시킨 다음 부착했습니다. 그래서 과연 어떤 연꽃무늬 수막새가 모델이었는지 현재로서는 판정하기 어렵습니다. 오히려 부소산사지 치미처럼 황룡사지 가람 중심부에서 사용한 수막새 중에서 유사한 문양이 없을 수도 있습니다.

황룡사지 치미의 장식판에 부착된 연꽃무늬의 연대를 파악하기 위해서는 치미와 함께 발견된 수막새 중에서 가장 유사한 문양을 가진 수막새를 먼저 찾아볼 필요가 있습니다. 치미와 함께 출토된 연꽃무늬 수막새는 대부분 연꽃잎 끝에 돌기를 두고 양쪽이 대칭되는 꽃잎이 표현되며, 연꽃잎 가운데 부분이 모나게 튀어나와 보이는 유릉식(有稜式)*입니다.[20] 이런 문양의 수막새는 목탑지 심초석 주변과 동금당지를 처음 세운 시기의 기단토 내에서도 확인됐고, 강당지 북편의 폐와무지에서도 치미와 함께 여럿 발견됐습니다. 발견된 수로 보아도 상당히 높은 비율로 출토되어, 장육존상을 금당에 안치한 584년 무렵 중건가람 1기의 주된 문양 형식 중 하나라고 볼 수 있습니다. 이러한 수막새는 대부분 6세기 말에서 7세기 2/4분기 이전에 만들어졌다고 추정합니다.

황룡사지 치미의 얼굴 무늬 장식판도 그 인상이 강렬합니다. 작은 타원형의 덩어리를 연결하여 동그랗게 영역을 만들고 그 안에 얼굴 무늬를 넣었습니다. 얼굴 무늬는 사람의 코와 눈두덩이 부분만 돌출되게 만들고 눈꼬리와 입꼬리를 가느다란 선으로 표현했습니다. 모두 웃는 모습을 하고 있지만 모양이 조금씩 다릅니다. 또, 수염을 표현하여 남녀를 구분했습니다. 이러한 얼굴 무늬는 앞선 시기 신라의 고분에서 출토된 토우의 사람 얼굴과도 닮아 있습니다. 하지만 가장 비슷한 것을 찾는다면 전 영묘사에서 출토된 얼굴 무늬 수막새라 할 수 있겠습니다. 영묘사 얼굴 무늬 수막새는 경주 지역에서 단 한 점밖에 출토되지 않아 그것이 언제 제작됐는지를 판정하기 쉽지 않습니다. 하지만 영묘사가 창건된 시기가 635년이고, 얼굴 무늬 수막새와 수키와를 연결한 방식으로 보아 통일기 이전인 7세기 중엽으로 보는 데에는 문제가 없어 보입니다.

황룡사지 치미의 배 상단에 얼굴 무늬 장식판이 떨

황룡사지 치미에 시문된 얼굴 무늬.

어져 나간 흔적을 보면 치미에 부착한 얼굴 무늬 역
시 연꽃무늬 장식판처럼 별도의 장식판을 이용해서
얼굴 모양을 만든 다음 덧붙인 듯합니다. 영묘사지 얼
굴 무늬 수막새가 목제 거푸집에서 1차로 성형한 다
음, 2차로 부분적인 변형을 가해 완성시킨 방식과는
약간 다르지요. 손으로 빚어 무늬를 새기는 방법으로
볼 때 황룡사지 치미의 얼굴 무늬가 영묘사지 출토품
보다 더 오래된 초기 형태라고 할 수 있겠습니다. 그
러나 황룡사지 치미의 연꽃무늬 장식판과 영묘사지
얼굴 무늬 수막새는 만드는 과정이 매우 비슷합니다.
따라서 황룡사지 치미의 연꽃무늬와 얼굴 무늬 장식

판의 제작 기법이나 문양은 영묘사지 얼굴 무늬 수막새와 연관이 있고 그보다 조금 더 먼저 제작됐다고 볼 수 있습니다.

황룡사지 치미의 연꽃무늬는 연꽃잎에 능선이 있는 수막새와 유사합니다. 이 수막새는 신라가 중국 남조와 직접 교류한 결과물로서, 584년 중건가람 이후부터 제작됐다고 보는 연구자가 있습니다.[21] 꽃잎에 능선이 있고 그 지름이 더 작은 6잎 연꽃무늬 수막새가 동궁과 월지나 분황사지, 울산 등지에서도 출토되는 것을 보면, 늦어도 7세기 1/4분기를 전후하여 그러한 문양을 가진 수막새가 제작됐다고 생각할 수 있습니다. 이는 황룡사지 치미에 장식된 연꽃무늬와 얼굴무늬 장식판이 7세기 중엽에 속하는 영묘사 얼굴 무늬 수막새보다 더 먼저 만들어졌을 것이라는 추정과도 들어맞습니다.

황룡사지 치미는 몸통 아래쪽이 'ㄱ'자 형으로 꺾여 있는 것이 특징입니다. 용마루 양 끝에 적새 기와를 쌓아 놓은 다음 그 위에 치미의 일부가 직접 물리도록 설치하기 위한 모양입니다. 이렇게 하면 치미 기저부가 적새쌓기한 용마루의 암키와들과 자연스럽게 이어지게 되는데, 결과적으로 기저부에 가로로 선을 그었던 백제 왕흥사지나 미륵사지 치미의 하단처럼 보이게 됩니다.[22] 몸통에 아무런 무늬가 없는 점은 수당대 치미들과 비슷하지만 능골 끝부분이 유단식 수키와처럼 처리된 것은 왕흥사지 등 백제 치미와 닮았습니다. 이러한 점들을 종합해 볼 때 황룡사지 치미는 통일기 이전에 만들어진 것이 분명하고, 584년 장육존상을 만들어 중금당에 안치한 이후부터 645년 목탑 건립까지의 중건가람 단계에 제작됐다고 보아도 무리가 없을 듯합니다.

황룡사지 치미는 아래위를 분리해 제작했습니다. 원래 하나로 모양을 만든 것을 가마에 굽기 전에 잘랐는데, 절단하기 전에 나중에 결합하기 위한 구멍을 뚫었습니다. 몸체에는 양옆에 각 세 부분, 배에 두 부분, 총 8개 부분에 꼭짓점이 마주하는 삼각형 모양으로 구멍을 내어서 치미를 설치하면서 연결할 수 있도록 했습니다. 몸통 아래위에 뚫린 구멍은 아래위가 대칭되는 삼각형 모양인데, 가마에 구워져 나온 뒤 그 형태가 약간 변형된 부분도 있습니다. 아래위를 연결하는 구멍이 직선으로 맞추어지는 곳에 철끈이나 철편

치미의 상하 경계면에는 위쪽과 아래쪽에
각각 8군데에 삼각형 모양 구멍이 3개씩 뚫려 있어서,
철사나 노끈 등으로 연결하도록 되어 있다.

을 이용해서 고정했습니다. 종대에 2중 돋을선 옆에
는 삼각형 구멍을 내기 위해 일부러 깨뜨린 곳도 보입
니다.

또, 위아래 부분이 잘 맞춰지도록 능선 중앙이 장부
맞춤으로 연결되게 만들었습니다. 또, 몸통은 전체가
날개 부위까지 반턱이음으로 연결되어 있습니다. 장
부맞춤은 한쪽에는 홈을 파고 연결되는 부위는 튀어
나오게 만들어 결합하는 방식이고, 반턱이음은 서로

장부맞춤 상세.

반턱이음 단면 상세.

만나는 끝부분을 절반씩 깎아서 잇는 방식입니다. 장부맞춤과 반턱이음은 목조 건물에서 목재를 서로 연결할 때 일찍부터 널리 사용되어 온 기법으로 석조 기단이나 벽돌을 설치할 때도 종종 사용됐습니다.

몸통에 구멍을 내서 치미를 결속시키는 방법은 경주 동궁과 월지나 구황동 원지 출토 치미에서도 볼 수 있지만, 장부맞춤이나 반턱이음은 아직까지 다른 사례를 찾아볼 수 없습니다. 대형 치미를 상단과 하단으로 분리하여 제작하는 이유에 관해서는 두꺼운 점토로 성형한 치미를 소성*할 때 터지거나 뒤틀리는 것을 방지하기 위해서라고 보기도 합니다. 하지만 실제 지붕 위에서 치미를 시공할 때 크고 무거운 치미를 좀 더 쉽게 이동하고, 용마루와 결합시킬 때 그 내부 구조물과 좀 더 견고하게 하기 위해서이기도 했으리라 생각됩니다.

황룡사지 치미는 등의 능선이 살아 있고 숫마루장[*]과 결합되는 부분은 남아 있지만, 실제 용마루와 연결되는 머리 아래쪽이 생략된 채로 복원됐습니다. 숫마루장과 결합되는 부분은 그 머리가 너비 약 8센티미 정도의 능선을 따라 기울어져 있습니다. 이러한 형태는 백제 왕흥사지, 부소산사지, 미륵사지와 유사하며, 동궁과 월지, 분황사 중문지 출토 치미와도 비슷합니다. 배는 산처럼 솟은 삼각형 형태입니다. 이 부분의 시공 마무리는 지붕 형식에 따라 조금씩 달랐을 것으로 생각됩니다.[23] 만약 팔작지붕이나 맞배지붕이라면 치미의 배가 지붕면이 만나는 부분에 가로로 올린 너새 수키와와 결합해야 합니다. 그러려면 용마루가 치미 바깥쪽으로 더 뻗어 나가도록 배치하고 그 위를 산형의 기와가 덮도록 처리했을 것입니다. 용마루의 폭도 그만큼 넓어지게 되겠지요. 그러나 만일 우진각지붕이라면 내림마루[*] 아래에서 옆쪽 지붕면의 기와골이 시작되기 때문에 내림마루 아래 두 방향의 기와 윗쪽선이 만나서 산처럼 삼각형 모양을 이루게 되었을

팔작지붕

맞배지붕

우진각지붕

모임지붕

수 있습니다. 배 아래쪽에 장식된 3개의 연꽃무늬 장식판이 남아 있는 것도 용마루를 삼각형 형태로 겹쳐 마감한 흔적으로 볼 수 있습니다. 다시 말하면, 이 치미는 팔작지붕보다는 우진각지붕에 사용됐을 가능성이 더 크다고 생각됩니다. 황룡사지 치미가 용마루 부분과 결합되는 방식을 컴퓨터 시뮬레이션을 통해 검토해 보았을 때도 우진각지붕의 양쪽 내림마루 착고 위에 치미를 세우는 방식으로 결합했을 때 가장 안정적이고, 시각적으로도 적절한 모습을 보였다고 합니다.[24] 일본 도쇼다이지(唐招提寺) 금당의 사례나 중국의 유사 사례를 참고해 보아도 그 가능성이 매우 높다고 생각됩니다.

그렇다면 황룡사지 치미는 어떤 건물에 사용된 것일까요? 이 치미가 출토된 위치를 중요하게 보자면, 강당지 동북쪽에서 출토되었으므로 강당지나 그 동서쪽 부속 건물에서 사용됐을 가능성을 생각할 수 있습니다. 그러나 황룡사지 강당지의 기단 구조를 보면 이 건물지는 측면 4칸 구조여서 맞배지붕으로 보입니다.[25] 황룡사지 치미가 우진각지붕에 사용됐을 것이라는 추정에는 맞지 않지요. 지금으로서는 이 치미가 사용된 건물이 어느 곳인지 구체적인 근거를 가지고 제시하기가 어렵지만, 크고 화려한 장식으로 보아 중건 가람의 가장 핵심 건물인 중금당에 사용됐을 가능성이 가장 높은 것이 사실입니다. 하지만 왕흥사지에서는 동서 부속 회랑지에서 크고 화려한 장식이 있는 치미가 출토된 사례가 있기 때문에 부속 건물에서 사용된 치미가 아니라고 단정하기는 어렵습니다.

나가는 말

경주 지역에서 수당 양식의 특징을 가진 치미는 분황
사에서부터 볼 수 있습니다. 몸통부에 아무런 장식이
없고 돋을선으로 종대를 표시하고 이 선을 따라 원형
장식을 덧붙였습니다. 가장자리에 돋을선을 두른 능
골은 상대적으로 굵고 두껍습니다. 몸통부에는 동그
란 구멍을 뚫고, 머리 쪽에는 사각형의 구멍을 뚫었습
니다. 동궁과 월지에서도 이와 비슷한 치미가 출토됐
는데, 상하단을 분리해서 제작한 치미의 윗부분입니
다. 전 인용사지에서 출토된 치미는 몸통에 덩굴무늬
를 큼직하게 돋을새김하여 장식했습니다. 종대는 돋
을선으로 표현했고 능골도 굵습니다. 사천왕사지에
서는 몸통에 식물무늬를 장식한 치미가 출토되었습

분황사

동궁과 월지

전 인용사지

사천왕사지

경주 출토 통일신라 치미.

니다. 통일신라의 치미는 전반적으로 삼국 시대에 비해 크기가 더 작아집니다. 높이가 낮아지다보니 능골이 크게 휘어져서 마치 새부리같은 모습으로 나타납니다. 날개는 기와를 자르는 칼(와도瓦刀)로 절단하여 반듯한 모양입니다. 치미의 크기가 이렇게 중형화되는 현상은 이 시기에 지어진 건물이나 건물 지붕이 규격화되었다는 의미이기도 합니다.[26]

치미는 용마루 양 끝단에서 지붕을 보호하고 장식적인 역할을 하는 건축 부재입니다. 특별한 건물에 표시하여 다른 건축물과 구분하는 기능도 하지요. 처음에는 왕실에서, 나중에는 절, 관청, 귀족의 주택에서도 사용하며 권력의 상징이 됐습니다. 시대가 바뀌면서 치미의 조형적 아름다움은 약해지고, 하늘을 향해 펼쳐진 새의 날개깃 같던 고유의 형태도 사라집니다. 하지만 길상과 벽사의 상징으로 하늘의 길흉화복을 듣는 역할은 계속 이어집니다.

지금까지 우리나라에서 발견된 치미 가운데 가장 큰 황룡사 치미는 중국의 치미와도 다르고, 고구려나 백제의 치미와도 다른 신라인의 독특한 기술과 미의식이 반영되어 있다는 점에서 매우 중요한 의미가 있습니다. 특히 연꽃과 남녀의 얼굴 등 다른 유적에서 발견된 치미에서는 볼 수 없는 독특한 무늬가 장식되어 뛰어난 예술성을 보여 주고 있지요. 경주의 가장 중심되는 자리에 지어진 기념비적인 건축물인 황룡사에는 그에 걸맞은 아름다운 치미가 얹어져 기와지붕에 기품을 더해 주었습니다.

* **가람**(伽藍)

승려들이 사는 사찰 등의 건축물을 가리킨다. 승려들이 모여 수행하는 청정한 장소로 승원, 사원, 사찰이라고도 한다.

* **금당**(金堂)

절의 본당으로 부처님을 모신 불전을 가리킨다.

* **1탑 3금당**

사찰의 중심에 탑을 두고, 남쪽에 중문, 동서쪽과 북쪽에 금당을 두는 형식이다. 한자의 '品(품)'자와 같다고 하여 '품자형 가람 배치'라고도 부른다. 주로 고구려에서 유행했다.

* **기단**(基壇)

전통 건축에서 건축물의 처마 안쪽으로 빗물이 떨어지지 않도록 터를 반듯하게 다듬어 높이 쌓은 단.

* **팔작지붕**

우진각지붕 위에 맞배지붕을 올려놓은 것과 같은 모습의 지붕으로, 시기적으로 가장 늦게 나타난 지붕이다. 팔작지붕은 조선 시대 권위 건축에서 가장 많이 사용한 지붕 형태로 합각지붕 또는 팔작집이라고도 한다.

* 우진각지붕
지붕 네 모서리의 추녀마루가 처마 끝에서부터 경사지게 오르면서 용마루 또는 지붕의 중앙 정상점에서 합쳐지는 형태의 지붕을 가리킨다. 서울 남대문(숭례문)이나 광화문 등 성곽의 문이나 누각의 문에 많이 사용됐다.

* 맞배지붕
건물 앞뒤에서만 지붕면이 보이고 추녀가 없으며 용마루와 내림마루만으로 구성된 지붕이다. 마치 책을 엎어 놓은 것과 같은 형태다. 간단하고 만들기 쉬워 가장 먼저 나타났을 것으로 추정된다.

* 돋을새김
평평한 면에 글자나 그림 따위를 도드라지게 새긴 것이다. 재료의 한쪽 면에만 형상을 새긴 것으로 부조(浮彫) 또는 양각(陽刻)에 해당한다.

* 종묘와 태묘
국가의 역대 임금과 왕비의 위패를 모신 사당을 종묘라 한다. 종묘를 태묘라고도 부른다.

* 덧띠(돌대突帶)
원형이나 타원형, 삼각형의 띠를 말아 도드라지게 덧붙인 것이다.

* 착고 기와
기와집 용마루의 양쪽으로 끼우는 수키왓장.

＊ 적새 기와

기와집 지붕마루를 포개어 덮어 쌓는 암키와.

＊ 승방

승려가 주거하는 방이다.

＊ 칠처가람(七處伽藍)

신라 경주에 있었던 7개소의 전불(前佛) 시대(석가모니를 비롯한 과거 칠불의 시대) 사찰 터를 뜻한다. 7~8세기에 신봉됐던 이 칠처가람설에 의거하여 신라인은 그들이 염원하던 불국토가 먼 곳에 있는 것이 아니라, 자신들이 살고 있는 곳이 바로 부처가 설법하던 곳이라고 확신하고, 그곳에 부처님의 나라를 재현하려 노력했다.

＊ 장육존상(丈六尊像)

부처의 상을 만들 때 사람 키 크기인 8척의 배수, 즉 16척의 불상을 만드는데, 1장 6척이므로 장육상이라고 부른다. 장육상이라고 할 때는 크기를 지칭하는 것으로 4~5미터가 되는 대형 불상이 된다. 신라 3보 가운데 하나였던 경주 황룡사 장육존상이 유명하다.

＊ 1탑 1금당

본존불을 모시는 불전을 금당이라고 한다. 1탑 1금당식 가람 배치는 남북축 선상에 중문, 탑, 금당, 강당이 나란히 배치되는 형식이다. 주로 백제 사찰에서 나타난다.

＊ 중건(重建)

절이나 왕궁 따위를 보수하거나 고쳐 짓는 것을 가리키는 말.

* 중금당

절의 본당으로 부처님을 모신 금당 가운데 중앙에 위치한 불전을 가리키는 말. 3개의 금당이 있던 황룡사는 중금당에 장육상을 안치했다.

* 강당

강연이나 강의, 의식 따위를 할 때 쓰는 건물이나 큰 방을 가리키는 말. 사찰에서 경전을 강하거나 법을 설하는 장소를 가리킨다.

* 금강삼매경론

686년 원효(元曉)가 중국에서 번역된 불교 경전 《금강삼매경》에 주석을 붙인 책.

* 유릉식(有稜式)

기와 무늬를 표현할 때 연꽃무늬의 가운데 부분이 모나게 튀어나오도록 디자인한 것을 가리킨다.

* 소성(燒成)

토기나 기와를 굽는 것. 도자기 제조에서 초벌구이 이하의 조작을 소성이라고 한다.

* 숫마루장

기와지붕의 용마루에 까는 기와로 아래에 암마루장을 깔고 맨 위에 숫마루장을 덮어서 완성한다.

* 내림마루

용마루에서 추녀마루를 잇는 부분.

참고 문헌

- 국립부여문화재연구소·국립부여박물관, 2017, 《백제 왕흥사》, 디자인 공방.
- 국립부여문화재연구소·국립부여박물관, 2018, 《치미, 하늘의 소리를 듣다》, 디자인 공방.
- 今井晃樹, 2018, 〈동아시아에 있어서 치미의 보편성과 다양성〉, 《치미, 하늘의 소리를 듣다》.
- 吉林省文物考古研究所·集安市博物館, 2004, 《丸都山城 -2001~2003年集安丸都山城調査試掘報告》, 文物出版社.
- 김숙경, 2018, 〈황룡사지 출토 대형치미에 대한 건축학적 검토〉, 《한국기와학회 학술대회 발표자료집》.
- 김유식, 2018, 〈한국 고대 치미의 변천과정〉, 《치미, 하늘의 소리를 듣다》.
- 大脇潔, 1999, 《鴟尾》(日本の美術392), 至文堂.
- 심광주·이형호·김태근·이수정, 2014, 《연천 호로고루Ⅳ-제3·4차 발굴조사보고서》, 토지주택박물관.
- 王子奇, 2018, 〈중국 고대 치미의 기원과 초보적 발전〉, 《치미, 하늘의 소리를 듣다》.
- 이병호, 2019, 〈공주 반죽동 출토자료로 본 백제 대통사의 위

상〉,《百濟文化》60.

· 조원창, 2012, 〈황룡사지 출토 대형치미의 편년과 사용처 검토〉,《先史와 古代》36.

· 주홍규, 2019, 〈고구려 귀면문수막새의 변천 양상〉,《동북아 역사논총》63.

· 千田剛道, 2015,《高句麗都城の考古學的研究》, 北九州中國書店.

· 淸水昭博, 2013, 〈古新羅瓦の源流〉,《古代朝鮮の造瓦と佛教》, 帝塚山大學出版會.

· 최영희, 2022, 〈신라 사찰의 기와 사용과 지붕 의장〉,《신라 사찰의 건축기술과 생활문화》, 국립경주문화재연구소.

· 한얼문화유산연구원, 2020, 〈34. 공주 반죽동 197-4번지 유적〉,《2018년도 소규모 발굴조사 보고서》, 한국문화재재단.

· 현승욱, 2019, 〈동아시아 고대 불교사원 강당 평면 연구〉,《대한건축학회연합논문집》21권 6호(통권 94호).

· 홍밝음, 2018, 〈백제 사비기 사찰 출토 치미의 고찰〉,《百濟文化》59.

· 홍밝음, 2020, 〈익산 미륵사지 출토 치미에 대한 고찰〉,《馬

韓百濟文化》35.

• 홍밝음, 2022, 〈백제 왕흥사지 출토 치미에 대한 고찰〉,《百濟
文化》67.

• 황현성·나아영, 2022, 〈부여 부소산사지 출토 치미의 재복원
을 통한 제작기법〉,《박물관 보존과학》27.

주석

1   김부식 (1145), 〈본기 권4 진흥왕〉, 《삼국사기》. 十四年 春二月 王命所司 築新宮於月城東 黃龍見其地 王疑之 改爲佛寺 賜號曰皇龍. (14년 봄 2월에 왕이 담당 관청에 명하여 월성 동쪽에 새 궁궐을 짓게 하였는데, 황룡이 그곳에서 나타났으므로 왕이 이상하게 여겨 [계획을] 바꿔 절로 만들고 이름을 황룡사라 하였다.)

2   김유식, 2018, 〈한국 고대 치미의 변천과정〉, 《치미, 하늘의 소리를 듣다》.

3   王子奇, 2018, 〈중국 고대 치미의 기원과 초보적 발전〉, 《치미, 하늘의 소리를 듣다》.

4   今井晃樹, 2018, 〈동아시아에 있어서 치미의 보편성과 다양성〉, 《치미, 하늘의 소리를 듣다》.

5   千田剛道, 2015, 《高句麗都城の考古學的研究》, 北九州中國書店.

6   千田剛道, 2015, 《高句麗都城の考古學的研究》, 北九州中國書店, 96쪽.

7   吉林省文物考古研究所·集安市博物館, 2004, 《丸都山城-2001~2003年集安丸都山城調査試掘報告》, 文物出版社.

8   주홍규, 2019, 〈고구려 귀면문수막새의 변천 양상〉, 《동북아역사논총》 63.

9   심광주·이형호·김태근·이수정, 2014, 《연천 호로고루IV-제3·4차 발굴조사보고서》, 토지주택박물관.

10   홍밝음, 2018, 〈백제 사비기 사찰 출토 치미의 고찰〉, 《百濟文化》 59.

11   홍밝음, 2022, 〈백제 왕흥사지 출토 치미에 대한 고찰〉, 《百濟文化》 67.

12   국립부여문화재연구소·국립부여박물관, 2017, 《백제 왕흥사》, 디자인 공방.

13   황현성·나아영, 2022, 〈부여 부소산사지 출토 치미의 재복원을 통한 제작기법〉, 《박물관 보존과학》 27.

14   홍밝음, 2020, 〈익산 미륵사지 출토 치미에 대한 고찰〉, 《馬韓百濟文化》 35.

15   홍밝음, 2018, 〈백제 사비기 사찰 출토 치미의 고찰〉, 《百濟文化》 59.
       홍밝음, 2020, 〈익산 미륵사지 출토 치미에 대한 고찰〉, 《馬韓百濟文化》 35.

16   김유식, 2018, 〈한국 고대 치미의 변천과정〉, 《치미, 하늘의 소리를 듣다》.

17 조원창, 2012, 〈황룡사지 출토 대형치미의 편년과 사용처 검토〉, 《先史와 古代》 36.

18 김숙경, 2018, 〈황룡사지 출토 대형치미에 대한 건축학적 검토〉, 《한국기와학회 학술대회 발표자료집》.

19 조원창, 2012, 〈황룡사지 출토 대형치미의 편년과 사용처 검토〉, 《先史와 古代》 36.

20 최영희, 2022, 〈신라 사찰의 기와 사용과 지붕 의장〉, 《신라 사찰의 건축기술과 생활문화》, 국립경주문화재연구소.

21 淸水昭博, 2013, 〈古新羅瓦の源流〉, 《古代朝鮮の造瓦と佛敎》, 帝塚山大學出版會.

22 今井晃樹, 2018, 〈동아시아에 있어서 치미의 보편성과 다양성〉, 《치미, 하늘의 소리를 듣다》.

23 김숙경, 2018, 〈황룡사지 출토 대형치미에 대한 건축학적 검토〉, 《한국기와학회 학술대회 발표자료집》.

24 김숙경, 2018, 〈황룡사지 출토 대형치미에 대한 건축학적 검토〉, 《한국기와학회 학술대회 발표자료집》.

25 현승욱, 2019, 〈동아시아 고대 불교사원 강당 평면 연구〉, 《대한건축학회연합논문집》 21권 6호(통권 94호).

26 김유식, 2018, 〈한국 고대 치미의 변천과정〉, 《치미, 하늘의 소리를 듣다》.

사진 출처

18쪽	국립부여문화재연구소 2018
26, 29쪽	王子奇 2018
30쪽	今井晃樹 2018
39, 40, 41쪽	吉林省文物考古研究所·集安市博物館 2004
43쪽	심광주·이형호·김태근·이수정 2014
47쪽	한얼문화유산연구원 2020
49, 53, 56쪽	국립부여문화재연구소·국립부여박물관 2018

※ 국립박물관 소장 사진은 출처를 생략했습니다.
※ 이 책에 사용된 사진 중 일부는 저작권자를 찾지 못했습니다. 저작권자가 확인되는
대로 정식 동의 절차를 밟겠습니다.

국립경주박물관 신라 문화유산 시리즈 ⑤

기와지붕에 기품을 더하다
황룡사 치미

1판 1쇄 발행   2023년 12월 15일

기획   국립경주박물관
지은이   이병호

펴낸이   이민선, 이해진
편집   홍성광, 백선
디자인   박은정
일러스트   박태연
제작   호호히히주니 아빠
인쇄   신성토탈시스템

펴낸곳   틈새책방
등록   2016년 9월 29일 (제2023-000226호)
주소   10543 경기도 고양시 덕양구 으뜸로110, 힐스테이트에코덕은 오피스 102-1009
전화   02-6397-9452
팩스   02-6000-9452
홈페이지   www.teumsaebooks.com
인스타그램 @teumsaebooks
페이스북   www.facebook.com/teumsaebook
포스트   m.post.naver.com/teumsaebooks
유튜브   www.youtube.com/틈새책방
전자우편   teumsaebooks@gmail.com

ISBN   979-11-88949-59-5 03910